닭의장풀은 남보라
물봉선은 붉은보라

닭의장풀은 남보라
물봉선은 붉은보라

정형무 시집

우리詩움

시인의 말

시의 싹은 사랑과 슬픔의 곁가지에서 움트며 자라납니다.

묶어놓고 보니 웃을 때 울고 슬플 때 울 줄 알던 한 사람에 대한 것이 많습니다. 한 살이 깨우친 삶을 펼쳐 보이고자 했지만 여전히 부족합니다.

'此身合是詩人未', 늘 되새겨보는 구절입니다.

장차 人間山水를 넘어보고 싶습니다.

2021. 가을
정형무

차례

1부

해름 11
나들이 12
꿈 14
너 16
바람난 여자 18
벵갈루루에서 19
복사꽃 20
여름이 여름하면 21
좋은 것 22
물음 23
미륵사지에서 24
여름 26
그해 여름 28
당신의 등뼈를 어루만지며 30
토끼탕 32
처녀림 33
물 34
대화 36
나는 너에게 물어 본다 37
솔티숲길 38
별·나비·검·시 40

2부

늦가을 · 1 47
마이산 48
호두까기 50
까마귀 51
홀아비살이 52
남원에서 53
하루 54
앞 56
빈집 마루에 걸린 거울의 말 58
옛사랑 60
정부 61
아버지 늦바람 62
늦여름 64
겨울산 66
만추 68
여복女福 69
버큼 70
탕아의 노래 72
야간비행 74
車 76
임을 잃었네 임을 찾았네 78
장끼를 쏘다 80
독널 82
다정무정多情無情 84
꽃 지네 85

3부

오동꽃 89
빈집 90
늦가을·2 91
칠월 92
어느 갠 날 93
용담사에서 94
휴일 95
소리개 96
피아골 97
새벽꿈 98
산새 소리 100
산책론 102
양동마을 104
순창 팔덕 남근석 106
상녀르 108
시마詩魔 110
날자 112
목탁새 114
종 115
노안老眼 116
생명일여生命一如 118
싸락눈 120
좋아하는 것들 121
부안 여자 122
|해설| 임채우(시인·문학평론가)
수직선상의 시 123

1부

해름

명부전 모퉁이
차꽃 벙그는 해름

미륵전 뒤안에서
날개 꺾인 나비를 보았소

산허릿길 어둑한데
솔방울 함부로 떨어지는 소리

못 잊겠소, 속삭이면
깊숙이 피 냄새 배는데

저 가녀린 것들에게
얼마나 기대고 살아야 하나

설핏 저무는 하루
해름이 슬퍼서 울었소

나들이

물가 따라 걸어갑니다
새소리 풀벌레소리 시끄럽습니다

나비는 자꾸 따라오고
잠자리는 앉은 자리 앉으려 합니다

새빨간 열매가 흩어져 있고
아기다람쥐 한 마리 하늘 보고 누워 있습니다

물봉선은 보이지 않고
이삭여뀌 우거져 길을 지웁니다

바람도 일지 않는데
산열매 떨어지는 소리가 들립니다

골짜기 건너편에는
은사시나무들이 떨고 있습니다

돌아오는 길
물에 잠긴 산 그리메에게
자꾸만 돌팔매질을 하였습니다

꿈

저기 저 사람
앞만 보고 가는 저 사람

다음 생에는
더 일찍 만나자 하시니

그래 그렇고말고
그러면 되겠구나, 좋아하다 깨어

팔다리 가지런히 한 채 곰곰 생각해 보니
그와 나는 딴 세상 사람이었다

혹여 생시인가 눈두덩을 눌러 보니
봄 샘처럼 그렁한 눈물이 주르륵…

세상이 무너진들 다시 살아질 리 없지
시간을 거스를 순 없을 테니까

산 날도 살아갈 날도 아득하기만 하여
흐릿한 꿈길 더듬어 보는데

산 넘고 강 건너 다시 만나지면
찬 얼굴 쓸어나 보고
가녀린 몸뚱이 안아 보고지고…

꿈꾸다 울고
깨어서도 울고

너

내 거울 속의 나와 네 거울 속의 너
네 거울 속의 나와 내 거울 속의 너

내 거울 속의 너를 보는 달뜬 나와
너 보는 네 거울 속의 나를 보며 춤추는 너

눈뜬 너 눈감은 너
배시시 웃는 너 찡그리는 너

기도하는 너 머리 빗는 너
노려보는 너 숨가쁜 너

숨이 멈추자
탱자가시처럼 갈라지던 얼굴

배꼽을 맞춘 만큼 별들만큼
어스름 거울 속에 켜켜이 쌓인 너
부서진 거울 속

내
너

바람난 여자

삼월에 집 나간 여자
꽃이랑 놀다 꽃바람 나서
목메도록 안 오는 여자

달 뜨는 저녁 소곤소곤
비 오는 밤마다 찰방찰방
약 든 가슴* 아니 맞추고
큰바람 큰물에 쓸려간 여자

바람 따라 저 구름 따라
천지에 쑥처럼 흩어진 여자
산열매 한가로이 떨어지는 날
흥얼흥얼 산모롱이 돌아오려나

에헤야, 춘삼월에 집 나간 여자
섣달그믐 숫눈 밟고 돌아오려나

* 만전춘별사.

벵갈루루에서

양말 주무르며 운다
속옷 빨아 널며 운다
흐린 거울 앞 수염 밀다 운다
피둥한 몸피 닦다 멈칫하며 운다

가슴속 임은 보이지 않고
마주한 젖꼭지만 또렷해서 운다
서리 맞은 머리털 주름진 얼굴
눈동자만 맑아서 운다

파리한 남국 햇살 아래
무심히 흐르는 자동차
검은 새 흰 소 흐린 사람들
하늘 땅 물조차 잿빛이어서 운다

울지 않기로 다짐한 뒤로
다시는 안 울 줄 알았는데
아득한 땅 널따란 물가를 굽어보며
왁자하게 운다

복사꽃

꽃무더기 들여다보면 어른거리는 것 있다
처녀귀신이 산다

붉은 꽃술에 입 맞추면
상사로 꽃이 된 처자
그 꽃 입술 여닫으며 더, 더, 더, 떤다

청천에 날벼락 치고
붉으락푸르락 꽃이 진다

꽃밭에는 비수를 문 처녀귀신이 산다

나는 오래된 꽃나무 구멍 속 부러진 날개로
꽃이파리 더불어 웅크려 있다

여름이 여름하면

저놈의 타래난초 개울 건너 피었는데 물 불어 여울을 못 건너네 한 줄기 똑 따서 그 이름 가르쳐준 목덜미에 꽂아 주고 싶은데 울울한 모양새 가깝고도 멀리 있네

나 그 길을 따라가지 못했네 목청껏 부르짖어야 했는데 허벅지라도 저며야 했는데 손가락 깨물어 따뜻한 피조차 먹여 보지 못했네

닭의장풀은 남보라 물봉선은 붉은보라 어이 가르쳐주셨나 붉푸르게 멍든 이름들

여름이 여름하여 독기를 품었네 울지 않고 우는 법을 배웠네 가슴속 만질 수 없는 임은 눈감아야 글썽 보이네

좋은 것

좋으냐고 물어 보아
좋다고 대답하고

좋으냐 물어 보니
좋다고 대답했다

나는 하늘이고 그대는 땅이라
그대가 하늘이면 내가 땅이라

얼마큼 좋은지 다그쳐 물어 보니
이렇게 좋기는 처, 처음이에요

당신은 언제나 거, 거짓말쟁이요
밭은 숨소리로 속삭여 주었다

물음

여보, 나 죽어?
환자복으로 갈아입던 아내가 물었다

응, 죽어.
당신 죽고 나도 죽고
사람들은 다 죽어.

우리는 마주보며 웃었다

미륵사지에서

선화공주님 서동과 얼러
죽어도 천년만년 살고지고

오늘은 비 맞는 탑파가 두 개
크낙한 몸피가 스스럼없어라

청산에 비구름 비껴가고
탑 돌아 다시 보자 손가락 걸었던
내 님의 선홍색 방형우산方形雨傘이

너른 땅 한 마당
은구슬 꿰어 내리는 빗줄기 속에
저 홀로 흥에 겨워 둥둥 떠돌아

아소 님하
백년도 못 살 님하

서쪽하늘 멀리 던져 버리고

단내 나게 내 품으로 안겨 오소서

여름

옥비녀꽃 필 무렵 죄를 지었어요
살비듬이 묵은쌀처럼 흩어진 방에
배고픈 새들이 날아들었죠

은구슬 늘어진 거미줄을 거두어
떠돌이새들을 잡으러 다녔고
고개 숙인 달맞이꽃밭에
뜨거운 오줌을 누었답니다

채송화 봉숭아 맨드라미 분꽃
탱자가시 울 너머 하눌타리 박꽃
홍배롱 그늘 아래 박쥐들이 잠잘 때
호박꽃 속에서도 길을 잃었죠

얼마나 많은 더러운 물이
이 몸속을 흘러갔는지
도무지 헤아리기 어렵습니다

비 맞은 저를 보듬어 주세요
여름이 히냥 길어 그랬답니다

그해 여름

비 오듯 땀이 쏟아져 내렸다
먹고 자고 자고 먹었다

사각팬티를 입어본 여자는
세상 시원타고 좋아하였다

오리탕을 끓인다고 부산을 떨며
비리비리 종종, 콧노래를 불렀다

앞치마 두른 뒤태는 만만하기만 해서
살금 다가가 껴안기 좋았다

셋 셀 때까지 오라 부르면
도로록 달려와 곁을 주었다

사람들 모두 우리만 같아
부끄러워 못 나다니겠다고 하던

내 여자는 여자로 살고
나도 하냥 남자로 살았다

태풍도 비바람도 없이 무덥던 나날
천년만년 함께하자던 여름

옥비녀꽃으로만 남은
밤낮 없던 그해 여름

당신의 등뼈를 어루만지며

당신의 등뼈를 어루만지며
당신은 무엇일까 생각합니다

혹 같은 목등뼈에서
허방 같은 꼬리뼈까지
올라섰다 미끄러지며
잡으려 해도 잡을 수 없는
시린 산맥을 넘어갑니다

그윽한 숨소리
뭉클한 가슴이 품속에 있어도
어쩐지 당신은 먼 데 계신 듯
안타까운 한숨만 이어집니다

세상에 많은 사람들이 있고
당신이 살아 있습니다
그리고 그 곁에 내가 있지만
언젠가, 언젠가는

서로의 뒷모습을 보아야 하겠지요.

함께 놀던 꽃밭
흩어진 뼈들을 주워 모으며
이 밤 한 줄기 연기 같은 것이 되어
당신의 혼과도 만나보고 싶습니다

당신의 등뼈를 어루만지며
당신의 당신까지 갖고 싶은 욕심에
온밤을 한사코 지새웁니다

토끼탕

어둑한 세밑가지
아픈 용녀龍女 더불어
토끼탕집에 갔더니

토끼탕집 주인장
용녀의 보송한 목덜미를
야수의 눈으로 훔쳐보다 말고
매서운 눈보라 속을 헤치고 나가
무럭무럭 김 오르는 토끼 간을 바쳤더라

달큼한 토끼 간을 삼킨 용녀는
이태를 더 사람으로 살았더라
잘 살았더라

처녀림

바람 세게 불던 날
리기다소나무 이파리 가지런히 뒤집히는 것 보고
그렇지, 날카로운 것들도 속내가 있는 게야
가끔 제 속을 미친 듯이 드러내고 싶은 거겠지 하다
보드레한 거웃을 떠올렸다

참빗처럼 나란하던 젊음
세월 속에 시나브로 헝클어져

생콩 같던 여자의 머리칼을 가만히 쓸어내리며
짠한 마음 달래보는 겨울밤
거슬러 더듬어보는 함께 했던 나날들

바람 불던 첫날 그 밤의 솔숲에도
첫눈이 살포시 내렸을 거다

물

당신은 옹달샘 같아, 속삭이자

화 다이*를 귀 뒤에 꽂은
엉덩이가 린넨 시트보다 더 하얀 여자는

"마음이 아프면 눈물 나듯 하는 거죠"
입술을 빼물며 눈을 흘겼다

여자의 머리카락을 세어 보던 나는
"시원한 물을 가져다 줄까?" 속삭여 보았으나
짙은 속눈썹만 깜빡거렸다

검은 눈동자 속에서 헤엄치던 나는
세월이 폭포처럼 흘러내리는 꿈을 꾸고

커튼을 열어젖히자
줄느런한 자귀나무 꽃불을 켠 채
만강우滿江雨에 잠기고 있었다

* 화 다이 : 아열대에서 자라는 상록의 황백색 꽃, '도자기꽃.'

대화

꽃망울 터지는 소리 들리나요, 봄밤이에요
"이기적 유전자일 뿐이라오"

새도 울잖아요, 새들이 밤에도 우나 봐요
"배고프거나 짝 찾는 게지"

별들이 저리도 반짝이는데
"시공의 불덩어리에 다름 아니오"

당신이 참 미워요
"사랑하오, 이 별이 터져 버릴 때까지"

나는 너에게 물어 본다

나는 너에게 물어 본다
보내고 돌아오는 길
허전하고 한숨만 나와
빈터에 우두커니 앉았다가
피로로 가득 찬 막차를 타고
훤소喧騷 속에 마음껏 시달리면서
단 하나의 너에게 물어 본다

"당신은 내게 무엇인가요"
물어보는 너에게

"깨끗한 것과 더러운 게 만나면
깨끗한 것, 더럽혀질 텐데,
그러면 더러운 것은 깨끗한 것을 만나
다시 깨끗해질 수 없는가" 하고

우리가 꽃밭에서 놀 때 물어 보지 못한
슬픈 그 말을 물어 본다

솔티숲길

불출봉에 비구름 스치더니
인민재판소 터 지나자 개구리 운다

개양귀비꽃 만발한 봄날
청단풍 숲길에는 꾀꼬리소리 흐른다

때죽꽃 점점이 떨어진 길 따라 초빈*에 이르니
시누대밭 저 편에서 개와 닭이 목청껏 운다

듬성한 여기는 밝고 사시나무 떠는 저 끝은 어둡다
아니다 저 너머는 밝고 나는 한없이 캄캄하다

눈을 꾹 감았다 뜨면 세상이 아득해진다
저쪽으로 간 사람들은 어두울까 밝을까

눈물을 오래 참다 보면
눈썹이 하얗게 셀 것만 같다

* **초빈**草殯 : 장사를 지내지 못한 송장을 한데에 두고 이엉 따위로 덮어둔 곳. 내장산 초입 솔티숲길의 풍경.

별·나비·검·시

1. 流星·胡蝶·劍*

그때 맹성혼孟星魂이 호접림胡蝶林을 헤매다 거문고 소리에 홀려 소접小蝶의 처소로 흘러든 것은 우연이었을까,

봄 붉은 수풀 꽃
총총 지고 마네
찬비 오는 아침, 바람 부는 저녁을 어이 하리오
연지 볼에 눈물 적시며
취한 몸 서로 붙잡아 보지만
언제 다시 만날까,
인생은 한스럽고 강물은 동녘으로 흐르는 것을*

"나비를 잡으려던 참이었소?"
"뉘신지요?"
"길 잃고 헤매다 소저의 노래를 듣게 되었소."
"이 시를 아세요?"
"아니요, 좋아는 하오만."

"나비를 아시오?"

"아니요, 좋아할 뿐이에요."

"나비는 한 철만 살아요, 봄이 가고 나면 어여쁨도 함께 사라지고 맙니다."

"그래서 나비와 사랑이 닮았다고들 해요, 아름답지만 순간이니까. 올 때 붙들 수 없고 잡으려 해도 봄은 가버린 뒤니까요."

2.

눈보라 속을 헤매다 문 두드리니 소복 입은 처자가 초롱을 앞세우고 맞이하였지. 내리던 눈 그칠 무렵 나는 장작을 패고 처자는 새 옷을 지어 주었어.

겨우내 말뼈를 우려먹으며 내 자상刺傷은 아물고 처자의 배는 불러갔지. 해토머리 낙숫물 소리 명징한 밤, 가만히 일어나 날 빼문 장검을 마루 밑에 묻어 버렸지.

새봄에는 나비와 부닐었지, 요요한 날갯짓 따라 여자

는 여윈 손가락을 사뿐 뒤집어 뻗으며 팔랑팔랑 나비를 좇니었어. 나도 쥘부채 말아 쥐고 덩달아 공중제비를 넘곤 했었지.

 가을비 그쳐 까막까치 울던 서리 새벽, 날개 부러진 나비들 가을바람에 쓸려갔지. 바람벽에 보타시리를 새겨두고 삼년을 울었지.*

 나는 지금 풍교楓橋 난간에 기대 검미劍眉를 찌푸리며 칠흑 같은 밤의 물소리를 듣고 있어. 나비의 아랫배를 쓰다듬던 손으로 장차 가로지르는 모든 형체를 벨 것인데, 무덤 속 녹슨 거울 속 높은 코 가지런한 이빨 앞에 온전한 희생으로 바치고자.

* 유성호접검 : 1976년 고룡古龍 원작, 초원楚原 감독의 영화 한 장면.
 * 南唐의 마지막 황제 이욱李煜의 詞, 「상견환相見歡」의 첫 수.
 * 왕비였던 노국대장공주가 아이를 낳다 죽은 뒤 공민왕 왕기는 몸소 초상화를 그려 두고 오랫동안 울었다고 한다.

2부

늦가을 · 1

은줄표범나비가 천인국에 앉았다
꽃잎이 반밖에 없다

꿀을 빠는 나비
부러진 날개가 하늘거린다

나비는 알을 낳고 죽지만
다시 나비 되어 날 것이다

하지만 저 나비에게 이름 지어 주면
새봄을 날아오르지 못하겠지

가만히 도리질을 한 다음
아직 살아 있는 나비에게 다가가

나비야, 불러 보았다

마이산

산 개미가 죽은 개미를 물고 가는 여기는
싸리꽃 붉은 암마이봉 꼭대기다

이 높은 곳에서도 나비가 날고
하늘은 더디 푸르다

무덤가에 타래난초 피어 있어
보랏고 섰다가

홍련 벙그는 방죽가에서
유혈목이 한 쌍을 놓아 주었다

구름의 고향은 어디일까
아등바등 기어 올라와

산 너머 산들을 굽어보며
한 생각이 피고 지는 것을 지켜보고 나서

다시 살아갈 맘이 들면
뉘엿한 바위산을 내려갈 터이다

호두까기

마주 쥐고 부딪쳐 호두를 깨다 보면
거꿀달걀형 핵과끼리도 더 센 놈이 있다

마른 놈과 반질한 놈이 만나면 볼록이가
쭈글한 놈의 주둥이로 옹골찬 놈을 지르면 뾰족이가 이기는데
먼저 깨진 놈의 속살을 우물거리면 패배자의 쇠 맛이 난다

호두를 와드득 깨무는 사람은 '호두 까는 사람' 파란 트로푸스 보이세이의 직계 후손이다
호두를 까 먹으려면 아무렴 호두 껍데기를 깨야 한다

나는 불알만 두 쪽이지만 꽝꽝하게 주름진 핵과 따위를 쉬이 다룰 수 있다

초록색 육과 주렁주렁 열린 호두나무 숲을 꿈꾸며 겨우내 호두알을 굴려 본다

까마귀

 갈림길에서 살을 쪼던 까마귀가 짖어댔다 젊어 죽어야 영원할 수 있노라고

 새까만 까마귀야 너 따위가 칠정七情을 알겠느냐, 훠이 쫓아 보내고 말았는데

 한 세월 건너와 보니 그 말이 맞는 것도 같다. 먼저 간 사람들이 뭉뚝한 부리로 앙가슴을 쫀다, 시도 때도 없이 쿡 쿡 쿡

 그 날이 오면 까마귀 떼 날아와 까옥거릴 텐데, 부서진 나를 물고 흑점을 향해 날아갈 터인데

 이 몸은 어쩌다 거짓 같은 이생에 왔을까, 몸 없는 마음은 누구 가슴에 머물다 흩어질까

 까마귀도 이름이 있을까, 까마귀는 까마귀로 영원할진데

홀아비살이

얘들아, 형님 아홉 순이나 활 내고
남은 힘으로 호박구덩이 판다

얘들아, 백합나무에 딱따구리 사나 보다
애기똥풀도 지천으로 피었단 말이다

오늘 저녁 술 마셔 주지 않으면
상추 깻잎 안 뜯어다 줄 테다

얘들아, 쌍과붓집 개다리소반 말고
썩 새로운 일 없겠느냐

나이 먹을수록
터럭과 고집만 세어지는구나

얘들아 얘들아
개울가 자귀나무 울던 꾀꼬리
가 버리고 없구나

남원에서

서리 내린 국화분을 바로 세우고
돌아보고 또 돌아보며
오리정 춘향처럼 손짓하던 모양을 따라해 보다

찔레열매를 깨물어 보고 탱자 하나를 갈무리하다

잠자리 날개를 묶은 거미줄로부터 떼어 주고
억새 풀씨 훑어 후, 한숨과 더불어 날려 보내다

마른 잎 쓸리는 궤적을 미분해 보고
시치미 뗀 하늘을 멀뚱거리다

달의 분화구를 들여다보며
별빛 하나가 먼 은하라는 사실을 곱씹어보고
가깝고 먼 별 찾아 밤하늘을 두리번거리다

물 말아 밥그릇 부시다 말고
밥 한 술 덜어주듯 목숨도 나눠줄 수 없는 것인지
곰곰 생각해 보다

하루*

저 건너 물김 오르는 풀밭에
염소 한 마리 매어 놓은 이 누구일까

염소의 일자동공을 떠올리며
짐승일까 아닐까 생각해 보는데
새까만 염소는 그저 풀을 뜯고 있다

물낯이 술렁이자 염소는 옆걸음 치고
나도 문득 물 너머가 두려워진다

저 흑염소 따위 새 여름이면 잡아먹힐 운명인데 이름 없는 염소 한 마리 사라져도 소목 솟과 짐승은 면면할 테다

그러자 곧 죽을 염소가 나를 돌아보더니 채수염을 부르르 떨며 매애애애 울었다

나도 그렇단다, 염소야

수면을 미끄러지던 단말마가 차 숲을 치고 올라오기에 꿀꺽, 식은 차 한잔을 들이마셨다

* 하루 : 임실 옥정호 근처의 찻집.

앞

포항 죽도시장의 한겨울
대게 홍게 박달게들
앞 다투어 앞을 바라보고 있다

앞날을 내다보지 못한 벌로
고대 죽을 목숨 어쩔 수 없이
집게발 겹눈 한 쌍 볼록 세우고
휘황한 유리판에 뱃바닥 붙여
심판의 날 다가왔노라 부르짖는데

어찌하여 눈코입귀는 앞으로만 쏠려 있어
앞만 보고 나아가야만 했는지
물러났더라면 돌아섰더라면
다른 오늘이 있었을 텐데

살아 움직이는 것들은 왜
이 악물고 기를 쓰며
앞으로만 내달려야 하는지

어둑한 밤하늘을 쳐다보며
생각 많은 내가 지금
아득바득 대드는 중이라는 걸
하나님은 돌아보고 계실지

빈집 마루에 걸린 거울의 말

눈 쌓인 묵정밭
새 발자국 끊긴 자리
시치미 뗀 허공을 멀뚱거렸네

해토머리 묵은 풀씨들
바랭이 방동사니로 다투어 피어나는 겨를
느껍도록 바라보았네

작달비 쓸고 간 감꽃 우물가
엄마 잃은 새끼 새 까치 먹이 되는 모양
미륵의 눈매로 그윽하였네

탱자가시 울타리 너머
꽃상여 몇 차례 지나가고
솔개 뜬 아침, 기러기 나는 저녁
솔바람 대숲바람 소리 이슥토록 더불어 놀다

눈보라 그치고 새봄 움트면

우물 속 사금파리처럼 빛나는
애기 하나 주워다 키워야겠네

옛사랑

하늘 품은 물낯
따귀를 갈기자
지은 죄만 먹구름으로 밀려오는데

왜 그랬을까 철없던 시절
흉터를 보여 주며 울던 여자를
그저 안아주지 못했을까

인생이란 개미 한 마리가
높은 나뭇가지를 기어오르는 것과 같은데
가다가 떨어지면 그만인데

얼굴 흐릿한 여자가
손 없는 손으로 손 흔드는
새벽 물가에 나앉아

찰방찰방 물낯을 쳐보네

정부

외딴 방의 문을 열자
빛줄기 속에서 뛰노는 티끌

너 거기 서서
호박색 눈동자로 웃어 보아라

어젯밤 최후의 낙숫물이
가없이 울려 퍼지는 그곳

너 갇혀 있어라 감춰진 것들
숨겨져 있어 그윽하나니

빗장을 여미는 이 순간부터
나는 살고 너는 죽는다

아버지 늦바람

어머니 느닷없이 말씀하시길
"네 아버지 바람나서 어제도 안 오셨다
어쩌면 좋겠느냐"

아버지 찾아 인도에 갔더니
사람과 소들이 있었네

이마빡에 점 찍은 보살들 끼고 앉은 아버지
날 보고 모른 척하셨네

"저예요, 아부지!" 환장하게 소리지르자
슬그머니 일어나 소와 사람들 속으로 사라지셨네

어쩔 수 없었네 악물고 돌아설 밖에

그래서 집 나간 아버지는
꿈 아니면 건널 수 없는 먼 나라에서
바람을 피우고 계신 거라네

잘 살아계실 거라네

늦여름

어느새 짙어진 그늘이
햇볕을 이겨먹기 시작했다

원추리나 나리가 함부로 피고 지고
감꽃은 감빛으로 여물어갔다

목말라 죽은 금붕어 한 쌍을
옥비녀꽃 아래 묻어 주었다

밤마다 비바람을 기다렸지만
날짐승조차 짖어 주지 않았다

귀뚜라미 따위가 울어 봤자
귀뚜라미만 울 뿐이었다

물봉선이나 청동풍뎅이처럼
시퍼렇게 멍든 것들이 그리워질 무렵

무화과 목을 일없이 부러뜨리니
기다렸다는 듯 흰 피가 흘렀다

겨울산

얼음 위 댓잎 자리 보아*
뻣뻣한 다리 하나 슬몃
임의 아랫배에 올리렸더니

토끼는 뛰고 장끼는 날아
푸른 산 쩡쩡 울리고 나서
살얼음판 서성이던 노루 한 마리
날렵한 뱃구레를 겅중 솟구쳐
사시나무 숲으로 내빼고 말았네

나는 너덜길을 기어올라
가파른 벼랑 끝 인동덩굴을
하늘나라 썩은 동아줄마냥 당겨 보고

부러진 솔가지 너머 높은 봉우리더러
몸이 즐거우면 마음도 따르더냐

어긔야 어강됴리*

한 소리 질러도 보았네

* 만전춘별사.
* 정읍사.

만추

애기단풍 바라보다 말고
내 손 아직 예쁘죠, 불쑥 내미는 손
부챗살 같은 손가락 새로 쓸려가는 해름

산그늘 밀려오기 전
가만히 뒤집어보는 가녀린 손등
푸른 핏줄들 힘없이 간당거린다

까실한 엽맥을 어루만지자
멋모르는 여자는 얼싸둥둥
호, 호, 호, 입을 가리고 웃는다

내 맘은 서리 내리는데
내 속에 눈보라 치는데

시든 지 오랜 적색왜성赤色矮星 몇 낱
꽃물 빠진 손톱 끝에서 가을은
벌써 낙엽으로 구르고 있다

여복女福

   홍련이 가없이 핀 호수에 배 띄우다. 들큼한 연향 때문에 어질머리로 정자에 오르다. 난데없는 문주란들이 일자눈썹을 교대로 꿈틀거리며 '나에게 애인이 있다면'을 연달아 불러대다

   쥘부채로 외면하며 뒷걸음치다 허방에 빠지다

   별안간 눈보라치는 연못, 꺾꽂힌 연대궁의 형해形骸를 보고 악, 외마디 소리를 지르다

   독수공방이 백년해로보다 즐겁지 아니한가?

   죽부인을 와지직, 부서뜨리며 꿈에서 깨어나다.

버큼

맥주 버큼이 묻었다며
입가를 훔쳐 주던 여자는 그날
바다가 보고프다 했네

거품의 낯빛은 반질하지만
버큼의 계면界面은 싱싱하게 부풀다
팟, 터져 버릴 운명이어서
있고도 없는 위태로운 존재라네

조갯살 품은 속껍데기의
무지갯빛 마음 누가 알겠는가
송글송글 버큼 맺힌 거미줄 같은 마음을
그 누가 알았겠는가

파도가 밀려와
파도 속으로 사라져도 좋을
때깔 좋은 버큼들 깜빡이던 바닷가

봉숭아 씨앗을 먹고 보름달 이래
사람이 되고팠던 인어는
버큼에서 태어나
버큼으로 사라져갔네

탕아의 노래

찬비 내리는 선창의 아침
최후의 파수꾼 제비 한 마리
추운 몸짓으로 졸고 있는데

햇살이여 어서 비추어
죄 지은 나를 관통하라
천만근의 빙벽 속에 숨죽여 있는
차맑은 영혼을 일으켜 다오

얼마나 많은 더러운 물이
다정한 몸속을 흘러갔는지
헤아리기조차 어렵구나

스스로 용서하며 살아버린
바로 어젯밤까지의 나는
얼마나 더 어리석어야 하는가

어서 떠나가라 하시는

매운 눈 한 쌍 그려 부매
눈물 핑 도는 겨울아침이어라

야간비행

죽은 가수들 떼 지어 열창하는 밤

点에서 떠서
点으로 가려네

별들의 자장을 비껴가며
또렷한 불안을 중얼거리네

내 아는 한 가지
태초에 빛 있었지만
어둠에게 먹히고 말 거라는 것

내 불안한 노래는
시공은커녕
인간산수人間山水를 넘지 못했네

여기는 저기이고
저기는 또 어디런가

흑암에 겨운 나는
어디로 쓸려가는 걸까

車

    시든 가로등 점점이 떠 있는
    이역만리 풍진의 밤길
    쫓고 쫓기며
    쫓기고 쫓으며
    車들이 행진을 한다

車
 車
車
 車

    보이지 않는 곳에서
    볼 수 없는 곳까지
    일직선으로 드러누운 포도를
    질펀하게 유린하면서
    나에게로 다가와
    나로부터 멀어지는

車 車   車
 車車   車

한밤에 문득 깨어
세월 훌쩍 흐른 듯 무서운 생각
박차고 달려 나가 바라본 세상은
무심히 지나치며 질주할 뿐

轟轟轟轟 轟轟轟轟 轟轟轟轟
轟轟轟轟 轟轟轟轟 轟轟轟轟

임을 잃었네 임을 찾았네

어느 날 아침 임과 나는
연꽃 보러 가자 하고
소풍날의 아이처럼 설렜네

보려 해도 뵈지 않는 꽃
배 띄워 떠나려 해도
임은 내 손을 놓지 않았네

갈맷빛 그물 아래 길 잃은 나는
연대궁 헤치고 삿대 저으며
질끈 눈 감고 노래 불렀네

임이 여기 있는데
임은 어디에 계시온지

저 건너 뙤약볕에 서 계신 임
품속 꽃봉오리 꺼내 보이며
배시시 웃음 지었네

품에 안고 돌아보내 지나온 곳은
널따란 초록 귀들이 熱心*으로 펄럭거리는
참 이상한 세상이었네

* 이상李箱「꽃나무」

장끼를 쏘다

어느 봄날
홀로 활 쏘다
장끼 한 마리 날아들어
문득 그를 겨냥하였다

오방색 아리따움을 향한 화살은
무겁* 언저리에 꽂히고 말았는데
죽음을 면한 꽁지깃들이
산당화 그늘 아래 헌사로웠다

두 번째 살을 먹이다 말고
나는 외면하고 그는 두리번거려
불안이 서로를 관통하였는데
빗나가는 게 때로는 잘 된 일
자칫 피를 보았을 것이다

가만히 활을 접으며 한숨 쉬기를
쏜 살의 달음질도 내빼던 날갯짓도

시속 십만칠천 킬로미터로 움직이는 지구
구물거리는 생명들 위로 쏟아지는 별똥별처럼
가없는 엔트로피*만 더해가는
헛된 몸짓일 테니

* 무겁: 활터 과녁 뒤 흙으로 둘러싸인 곳.
* 엔트로피 : 자연 물질이 변형되어 다시 원래의 상태로 환원될 수 없게 되는 현상에 대한 정의.

독널

답답타 저 항아리 날 가두네

나 저기 들면
발 굴러 몸부림쳐도
둥두렷 미끄러져 도로 그 자리

나 홀로 저기 갇히면
내 새끼 낳다 죽은 보타시리랑
산 넘고 물 건너
말 타고 배 타고 못 놀 텐데

저 항아리 맞물려 닫히면
내 님은 그 누가 생각해 주나

꽃들은 어이 하고
일월성신은 어이 하라고

저 놈의 너부러진 독

깨뜨리고 부서뜨려도

궁근 아가리 벌려
즈믄해 묵은 술로 출렁이라 하네

다정무정 多情無情

오늘도 사람들하고 살 거야? 거울이 묻기에
응, 나는 사람들이 싫어, 했더니

그럼 사람 좋은 척하지 마
이 사람 저 사람에게 다 잘해 주지 마,
거울이 쏘아붙였다

나는 묵묵히 밥을 먹은 뒤
사람들 속으로 사라질 준비를 한 다음

거울 속 나를 힐끗 쳐다보았다

꽃 지네

가슴이 울렁거리고 단침이 우러나오고
발그레 숨이 차올라 멍하게 바라다보는

저 바람 속에 꽃잎 날릴 때

수줍던 미소가 앙탈로 바뀌어
울며 잡고 뻗대던 외눈꺼풀 몽골소저가

저를 데려가 달라는
더불어 떠나자는 몸짓인 줄은 알겠는데

그럴 수 없는 것을
앙다문 웃음으로 답할 수밖에 없는

하,
글썽거리며 꽃이 지네

3부

오동꽃

오동꽃 핀 산에
뻐꾸기 우네

오동꽃은 보여도
뻐꾸기는 보이지 않는데

오동꽃 흐려져도
뻐꾸기는 우네

오동꽃 우러르면
청산도 새소리도 지워지는데

질끈 눈 감아야 끼치는 향기
환하고 서늘한 오동꽃

빈집

부러진 문살 새로 휘황한 햇살 비쳐
묵은 먼지들 함부로 뛰노누나

송홧가루 후- 불고 툇마루에 걸터앉아
빈집의 삼엄을 들여다본다

난초무늬 요강은 우물가에서 졸고
무너진 바람벽 너머 댓잎이 파르르 떤다

까마중 산딸기 개망초의 진군
인동 메꽃 덩굴손은 어긋난 문살을 노리고

산뽕나무 찢어지도록 뻗어 햇살을 다투는데
그 새를 파고드는 뻐꾸기 소리 뻐꾹-

한봄의 생명들아 이슥토록 쳐들어오라
빛바랜 거울이 보랐고 선 한평생
빈집이 사그라지며 모다 내어 주리라

늦가을 · 2

  빛바랜 털가죽을 걸친 털북숭이 사내가 허청허청 비위틈을 올라오더니, 부러진 정강이뼈를 노거수 아래 파묻고 나서

  목에 두른 곰 발톱들이 차르르 술렁이도록 등허리를 펴며 워- 소리를 질렀다

  해 지는 쪽은 핏빛 구름 무더기, 그 아래 끝없이 펼쳐진 싯붉은 가을숲을 바라보는 외짝 눈이 번뜩였는데

  메아리가 되돌아오기도 전, 눈두덩에서 턱주가리까지 깊숙한 생채기를 따라 까닭 모를 눈물이 주르륵 흘러내렸다

칠월

묵은 거미줄에 걸린
꼬리명주나비 햇나래

눈 깜짝할 새 사라지고
빈 하늘만 남았네

검은물잠자리 청동빛 몸피는
저 건너 칸나의 심장을 관통할 수 있을까

구천구백구십구 개의 낱눈을 들여다보다
여름날은 셀 수 없이 흐드러지고

쟁이그물 좌르륵 펼쳐
은어 떼를 좇다
무지갯빛 혓바늘이 돋았네

어느 갠 날

구름은 어디서 피어나는가

배롱꽃 벌어
반나절

뭉게구름 어린 물가
피라미 떼 더불어
해어름

어둑발 내려
소나기 그쳐

하늘은 물빛
물은 하늘빛

뜬구름 좇아
두리번거리다 한평생

용담사에서

간밤 빗소리 꿈자리 사나운 날
용담사에 차 세우고 산조를 들었다

도라지꽃 푸르러 물소리 쟁쟁
석불의 뒤란을 돌아 하늘 보고 긴 한숨

노래하던 여승은
배롱꽃 아래 한가로운데

새로 핀 댓잎 물오른 솔잎
겹겹의 거미줄 새로 물잠자리 배추흰나비
구름 비친 무논의 소금쟁이조차 분주하구나

살려고 몸부림치는 것들아
억겁 이래 우리는 한몸이었느니

물끄러미 보다 말고 수심 겨워 돌아노닌다

휴일

풀대 같은 망구할머니
죽어서 천당 가고파
빛바랜 성경책 끌어안고
교회당 언덕길 올라가네

육탈이 시작된 억새꽃 너머
은행잎이 세기말처럼 떨어지는데

단발머리 어린 딸과 나는
홍시를 빨아먹고 나서
굴렁쇠를 굴리며 반나절을 놀았네

저 햇살 설핏 기울고 나면
곁에서 누가 죽어가도 모를
그윽한 밤이 찾아올 테고

조금 알던 사람의 부음을 듣고
센 머리털이나 가늠해 보는
일없이 저무는 하루 행복하겠네

소리개

소리개가 떴다
소리개가 숲정이를 맴돈다

까마득히 사라졌다
어느새 돌아오는 소리개

반가운 마음 들어
고개 젖혀 한참을 쳐다보다 말고

어릴 적 보던 그 소리개가 아님을
문득 알아차리자마자

산 너머 날아간 소리개
다시는 보이지 않는다

소리개는 언제나
빈 하늘을 수놓을 터이다

피아골

저기 저 건너
무서리 내린 단풍 숲 그늘

최후의 파르티잔
형형한 눈빛

젖은 성냥을 그어
메불*을 피우네

* 메불 : 빨치산들이 마른 단풍잎을 말아 피우던 담배
이우태李愚兌의 수기 '남부군'.

새벽꿈

点으로 날아
우주의 가장자리를 보렸더니
엉큼한 하초만 불뚝

靑山 · 乳房 · 時計*

자리끼 사발에 허우적거리는
빨간 좀벌레
함께 삼킬 뻔

오늘 하루도 즐거워라
해 뜨면 내 몸도 덥혀질 테고

악물고 되뇌어 보는
나 죽은 뒤 대홍수 따위 나거나 말거나*

* 이능우의 1957년 단편소설.
  * "Après moi, le déluge": 루이 15세 혹은 그의 정부情婦, 퐁파두르 부인이 했다는 말.

산새 소리

하산 길
봄 숲에 겨운 새
여울물 소리보다 시끄러웠네

쟉쟉쟉쟉 수비수비수
수수삐수후삐 도루룩
우피우피 히킥
따다다다 다다다

비야재재재 찌쿠룩
쁘이쁘이쁘이 찌아찡
푸르르르르 지악지악
우쭈쭈쭈쭈 찌컥찌컥찌컥

휙득휙득 휘빅득
타다르르르 타르르
빡빡빡빡 홱 호로록
즈이즈이즈이 즈이즈이즈이…

새들이
일없이 지저귀겠는가

사람의 말도
저 소리에서 비롯되었을 테니

봄 산의 새잎만큼 하고많은 소리
이슥토록 따라 불러보았네

산책론

새잎 피어나는 봄 숲은
개복숭아 산철쭉을 더해 세상 모든 빛깔을 품고 있답니다

딱따구리 소리 물낯을 지쳐 올 적
어린잎 더불어 젖은 날개를 말리고 있겠지요 나비들도

솔바람 소리 따라 오늘을 걸어갑니다
한 잎 한 꽃마다 조화신공造化神功*이시니 무슨 말을 더 보탤까요

산허릿길 돌아 숲으로 사라질 적
새소리 물소리 끊기는 순간을 놓치지 마세요

오르고 올라도 하늘은 멀고
가는 봄 붙잡지도 못할 테지요

하루 한 살이 오늘이 온 삶입니다

수제를 다 하지 못해 풀죽은 산책론자는
어둑한 산길을 타박타박 내려갑니다

* 정극인의 상춘곡.

양동마을

당신이 당신을 봅니다
여기 선 당신이 저 건너 관가정觀稼亭
문지방을 넘어서는 당신을 봅니다

쑥부쟁이 헤싱헤싱 핀 뒷동산에 앉아
먼 데 보는 척 제 속만 들여다보는
나비와 더불어 당신은 혼자입니다

해묵은 향나무 구멍 속
악랑이나 의운*이 눈웃음치면
피리를 어슷 쥐고 서백당書百堂에 걸터앉아
한 곡조 놀아주면 그만입니다

오늘을 걷고 또 걸어
이호문二乎門 지나 영귀정詠歸亭 문고리를 당기면
당신이 당신의 뒷모습을 보는 곳
그 너머는 아찔한 허방입니다

* 양동마을은 호금전 감독의 1978년 작 '산중전기山中傳奇'의 주 무대였음. 상악랑像樂娘과 장의운莊依雲은 서생 하운청何雲靑이 필사한 대수인大手印을 통해 환생코자 하는 악기樂妓 출신의 원혼들임.

순창 팔덕 남근석

오백 년 전 청상靑孀이 돌 서방 둘 품어 가다
기럭지 퉁게 실한 놈을 산동리에 모시니
숲은 우거지고 샘물은 달았더라

도솔천 미륵님 당래하생當來下生하사
비나이다 비나이다 옥동자를 점지해 주시오

울뚝한 연꽃 힘줄 거북머리에
대보름 달빛은 밤꽃으로 부서지고
비난수 끓일 새 없었다는데

뎅강 모가지를 쳐 줄까
삿갓 도롱이를 덧씌워 줄까
저 멀리 운주사運舟寺 가시버시 한 쌍은
하늘 보고 바로 누워 한 몸으로 열반인데

오십육억 칠천만 년을 곧추 꺼들거려도
그 누가 달래 주려나 끝끝내 식지 않을 몸피

감천산 넘어 돌아 순창 가는 길
팔덕면 선돌 하나 덩그맣게 서 있네

상녀르

젊어서 건달이었다는 이모부
네 손가락으로 화투장 뒤집다 말고
이런 상녀르, 탄식하곤 했는데

이름이 상녀여서 별명이 상녀르였던
교태도 상술도 바이없던 전마담네
한동안 단골을 다녔다

상스럽고 상서로운 것이 크게 다를 바 없어
말끝마다 상녀르를 붙이면
상열지사만큼 술맛이 좋아지곤 했는데

왕조시대 역적으로 몰리면
애꿎은 규수조차 관비 박히기 일쑤여서
급전직하 상녀르,
그 가혹한 반전을 떠올려 보며

상놈의 자식이라 욕하는 것도 아니고

붉샹녀도 아닌
샹녀르

성스러운 우리말이 사라지는 게 아쉬운지
한잔할 때마다 그놈의 샹녀르 귀신
무던히도 따라붙는다

상냥하지도 곱지도 않은 우리말
샹녀르

시마 詩魔

시는물인가요불인가요는개인가요땡볕인가요
해와 달은 궁굴리고 별들은 궁창을 수놓을사
바늘 없는 낚싯대로 무엇을 낚아채려오

소금 내리듯 하던가요 물안개처럼 피어오르나요
작달비로 퍼붓나요 번개처럼 닥치던가요

당신의 머리
당신의 가슴
당신의 촉수
당신의 불알

둥실 떠올라 구물굼실 사라지는 삼라만상을
어슷 베어 십자가에 세우려는 그대는
범종인가요 노리개인가요

마귀와도 타협하겠노라
부처의 뱃구레를 지르겠노라

가르랑대는 속 짐승을 어이 하리오

이 한 목숨 흩으시든가 괴시든가*

* 고정희, 「흩으시든가 괴시든가」

날자

　모두들 날아 보았다는데 나도 그렇다. 단숨에 구만리 장천을 나느냐 물어 보면 아니라고 한다. 나비처럼 하늘거리지도 물 찬 제비처럼도 아니었다며 고개를 가로젓는다.

　새들조차 땅에 속해 있어 공중에서는 그닥 볼일이 없다. 준령을 넘는 줄 기러기조차도 땅을 읽으며 날지 않는가. 땅거죽에 붙어사는 뭇 짐승들의 등 어둡고 배 밝은 까닭을 생각해 보라.

　하늘을 날려면 노거수 따위에 올라야 한다. 겅중 솟구쳐 죽지를 한껏 늘인 채 아슬한 언덕을 날아 내리는 맛이라니…

　진달래 핀 벼랑이나 무너진 첨탑에서 쉬노라면 구물거리는 인간세가 만만하기만 하다. 쪽빛 치마가 더펄더펄 떠내려가는 새벽 강을 디딘 적도 있다. 내 비행은 어린 새처럼 서툴지만 장차 별밤을 유영할 터이다.

어젯밤 닌ᵡ새 딘 난설헌 따라 광상산까지 다녀왔더니 일어나기조차 버겁다. 펄펄 살아 있는 이 순간의 나는 만천명월주인옹*이다.

* 정조는 죽기 2년 전 '만천명월주인옹자서萬川明月主人翁自序'를 지어 규장각 서재에 걸어두었다.

목탁새

타다르르르……

한소끔 술렁이고 나서
다시 피 마르는 정적

온 숲을 전율시키다
흔적 없이 한가로운 소리

극강의 내공을 못 이겨
대차게 쪼아 대지만

바람소리 물소리에 섭슬려
어느덧 무심한 소리

종

종의 겉을 내리면
먼저 속이 운다

벅차오른 몸
터지지 않으려 바르르 떤다

종의 겉을 때리면
본디로 돌아가고픈 몸부림

부딪고 부딪혀도 갈 곳 없는
소리의 정精들이 아프다

명동鳴洞에 수북한 살비듬을 보라

노안老安*

어미를 따라가는 새끼오리들을 보세요
당신도 덩달아 흔들립니다

물낯 아래 오리발을 떠올려 보세요
무엇이 그들을 떠받치는 걸까요

물 끝과 맞닿은 구름 뜬 하늘
다가오는 오리 떼 멀어지는 오리 떼
물낯은 한사코 잔잔합니다

산 너머 살던 당신은
어쩌다 이곳까지 흘러왔나요

길어진 눈썹과 완고한 주름살
당신은 늙어서도 편안할까요

어미를 쫓아가는 새끼오리들을 보세요
당신은 이리저리 물결칩니다

뒤뚱뒤뚱뒤뚱뒤뚱뒤뚱뒤뚱

* 나주시 노안면 금안리.

생명일여生命一如

산
티끌들 뭉쳐 있고
강
젖은 티끌들 흘러간다

아아, 바람
세상 모든 살다 죽은 조각들
천지에 그득히 떠돌며 한숨을 돋운다

들숨에 교합하고
날숨에 흩어진다

쪼개고 쪼개어져 나뉘지 않는 것들이
떠돌다 한데 뭉쳐 불안한 나를 이루고

대은하의 가장자리
위태로운 별 거죽에 생명이 기생하는 한

태초부터 구물거리넌 이 모든 티끌들
흩었다 어우르다 다시 떠돌 것이다

그러하였듯이
그러할 터이다

싸락눈

새끼 나우 낳은 개가
마루 밑에 웅크려

실눈 뜨고 바라보는
먼 산

혀 길게 뽑아
싸락싸락

빈 밥그릇 핥는 소리

좋아하는 것들

젊어 죽은 여가수의 노래
두목杜牧과 이상은李商隱의 황혼녘 시

다투어 새잎 필 제 겹쳐 내는 무늬
그 사이 빛살

마타리 별꽃 구슬붕이

살짝 젖은 눈동자와
가는허리족속들

외떨어진 것들과 함께
한소끔 외로운 저녁

익숙한 지문指紋으로
데킬라 원샷

부안 여자

　제 고향은 부안예요, 밤바다에 달 뜨면 참 예뻤죠.

　제대한 아버지 놀고먹자 엄마가 이빌소 차려 먹고 살았어요, 아버지는 허구한 날 술 마시고 엄마를 때렸고요.

　이발소로 도망가 새우잠 자던 기억이 나요, 환장한 엄마는 한복 단장하고 동네방네 돌아다녔지요. 오빠랑 뒤를 밟곤 했는데 딱 한 번 한눈판 밤에 차에 치어 돌아가셨어요. 아버지도 엄마를 따라갔고요.

　스물에 쌍둥이를 낳고 그러저럭 살았는데 애 아빠가 덜컥 암 걸려 죽었네요. 애비 없는 남매 키우느라 낮밤 없이 일해요, 술 한잔 더 주실래요?

|해설|

수직선상의 시

임채우(시인 · 문학평론가)

1.

정형무 시인은 2017년 8월 〈우리詩 신인상〉을 수상하며 등단했다. 응모작이 다섯이었는데, 이 시집에는 시 「호두까기」와 「대화」 두 편이 수록되었다. 시 「호두까기」는 화자가 개인적인 감정을 차분하게 언어의 갈피에 숨기고 시치미를 뚝 떼고 있는 듯해서 상당히 세련되게 궁금증을 유발하는 작품이었다. 당시 심사과정에서 시인이 언어를 부리는 솜씨가 기성시인 못지않다는 평과 함께 당선시키기로 의견을 모았던 기억이 생생하다.

　　마주 쥐고 부딪쳐 호두를 깨다 보면
　　거꿀달걀형 핵과끼리도 더 센 놈이 있다

마른 놈과 반질한 놈이 만나면 볼록이가
　　쭈글한 놈의 주둥이로 옹골찬 놈을 지르면 뾰족이가 이기는데
　　먼저 깨진 놈의 속살을 우물거리면 패배자의 쇠 맛이 난다

　　호두를 와드득 깨무는 사람은 '호두 까는 사람'
파란트로푸스 보이세이의 직계 후손이다
　　호두를 까먹으려면 아무렴 호두 껍데기를 깨야 한다

　　나는 불알만 두 쪽이지만 꽝꽝하게 주름진 핵과 따위를 쉬이 다룰 수 있다
　　초록색 육과 주렁주렁 열린 호두나무 숲을 꿈꾸며
겨우내 호두알을 굴려 본다

　이 시는 한 사내가 긴긴 겨울밤 혼자서 일없이 호두를 까먹는 일을 시화해 놓았다. 자칭 파란트로푸스 보이세이의 직계 후손인 사내는 호두끼리 부딪쳐 깨진 속살을 우물거리며 "패배자의 쇠 맛"이 난다고 말한다. 그것이 구체적으로 어떤 맛인지는 알 수 없으나 열패감이라고나 할까, 어쩌면 화자의 처지를 빗댄 말이겠다. 아무튼 불알 두 쪽뿐인 사내가 겨우내 집안에서 패배자의 쇠 맛을 느끼며 "초록색 육과 주렁주렁 열린 호두나

무 숲을 꿈꾸며 겨우내 호두알을 굴린"다는 행위는, 뭔가 그 이면에 묵직한 사연이 있을 것만 같다. 이 꽝꽝하게 주름진 핵과의 웅크림, 반응 없음, 도무지 속내를 짐작할 수 없는 사내에게 무슨 일이 있었던 것일까. 시니피앙이 아니라 실타래 같은 시니피에의 실체는 무엇일까? 읽을수록 궁금증을 증폭시키는 시편이 아닐 수 없었다.

아마 이 시집을 펼쳐본 독자들은 적잖이 혼란스러움을 느꼈으리라. 책장마다 예사롭지 않은 슬픔과 외로움이 뚝뚝 묻어나는 언어를 대하며 시인의 감춰진 모습에 놀랐으리라. 대처 시인에게 무슨 일이 있었던 것일까?

여기 저간의 사정을 담고 있는 시 한 편이 있다. 이 시는 그의 작품치고는 시적 형상화가 썩 잘된 것이라고 볼 수는 없으나, 그의 전기적 편력을 짐작해 볼 수 있는 시이다.

눈보라 속을 헤매다 문 두드리니 소복 입은 처자가 초롱을 앞세우고 맞이하였지. 내리던 눈 그칠 무렵 나는 장작을 패고 처자는 새 옷을 지어 주었어.

겨우내 말뼈를 우려먹으며 내 자상刺傷은 아물고 처자의 배는 불러갔지. 해토머리 낙숫물 소리 명징한 밤, 가만히 일어나 날 빼문 장검을 마루 밑에 묻어 버렸지.

새봄에는 나비와 부닐었지, 요요한 날갯짓 따라 여자는 여윈 손가락을 사뿐 뒤집어 뻗으며 팔랑팔랑 나비를 좇니었어. 나도 쥘부채 말아 쥐고 덩달아 공중제비를 넘곤 했었지.

가을비 그쳐 까막까치 울던 서리 새벽, 날개 부러진 나비들 가을바람에 쓸려갔지. 바람벽에 보타시리를 새겨두고 삼년을 울었지.

나는 지금 풍교楓橋 난간에 기대 검미劍眉를 찌푸리며 칠흑 같은 밤의 물소리를 듣고 있어. 나비의 아랫배를 쓰다듬던 손으로 장차 가로지르는 모든 형체를 벨 것인데, 무덤 속 녹슨 거울 속 높은 코 가지런한 이빨 앞에 온전한 희생으로 바치고자.

- 「별·나비·검·시」일부

이 시는 그가 주에서 밝힌 바와 같이, 1976년 중국 무협 영화 《유성호접검》을 바탕으로 엮은 패러디물이다. 그의 시에는 전고를 즐겨 차용하는 한시처럼 인용과 패러디 수법을 동원한 작품이 여럿 있다. 인용 시 부분은 시인이 《유성호접검》을 패러디해서 무협 풍으로 꾸며본 자전적 서사이다. 남녀 두 주인공이 생전의 시인 부부이다. 여주인공 소접은 맹성혼의 상처를 치료해 주고, 둘

사이에 애틋한 사랑이 싹터 백년가약을 맺는다. 맹성혼은 자신의 장검을 마루 밑에 묻어버리고 행복에 겨운 나날을 보낸다. 그러다 소접이 먼저 죽는다. 맹성혼은 3년을 울부짖음으로 보내다 마루 밑에 파묻었던 장검을 꺼내 복수의 칼날을 번뜩인다. 죽은 아내를 위해서, 가슴에 묻은 아내의 사랑을 지키기 위해서 그는 복수의 화신이 된다.

너무 빤한 스토리인가. 이 서사는 원본 텍스트에는 없는, 시인이 지어낸 이야기이다. '시=시인의 삶'이라는 도식을 우리가 인정할 수 있다면, 이보다 적절하게 시인의 저간의 인생 편력을 요약할 수 없다. 이 시집은 정확히 아내의 죽음으로 시작된다. 사별한 아내를 못 잊어 방황하며, 꿈에서라도 한 번 간절히 만나기를 희구하며, 외로운 발걸음으로 아내의 흔적을 더듬다가, 죽음의 나락으로 떨어지기를 고대한다. 급기야 자신만의 죽음이 생명 있는 것들의 죽음 일반으로 확대된다. 시인은 아내의 사랑을 내면화하여 보다 차분해진 어조로 그리움을 노래한다.

이 시집은 사별한 아내에게 바치는 사랑의 노래이다. 소월과 만해의 시가 이별한 임, 언젠가는 돌아오리라 믿는 임에 대한 그리움을 노래했다면, 시인은 돌아올 수 없는 임에 대한 간절한 그리움을 절절한 목소리로 토하고 있다.

2.

그의 시에는 꽃이 많이 나온다. 공자께서 일찍이 말씀하시길, 시를 배우면 새와 짐승과 풀과 나무의 이름을 많이 알 수 있다고 했으니, 여기서 풀과 나무에 당연히 꽃도 포함되리라. 구체적으로 차꽃, 물봉선, 옥비녀꽃(옥잠화), 채송화, 봉숭아, 맨드라미, 분꽃, 홍배롱, 호박꽃, 원추리, 나리, 무화과, 타래난초, 닭의장풀, 감꽃, 화 다이(도자기꽃), 인동초, 메꽃, 도라지꽃, 마타리, 별꽃, 구슬붕이, 홍련, 오동꽃, 때죽꽃⋯ 등등 꽃들이 가득 피어 있다. 그뿐인가 보통명사 '꽃'이 시마다 비유적으로 화사하게 모습을 드러내고 있다.

꽃을 사랑하는 시인들은 보통 사람들보다 그 이름이나 생태에 해박한 지식을 가지고 있다. 시인들은 이를 시에다 적극적으로 끌어들이는 특권을 누린다. 꽃은 대지에 뿌리박고 무성한 잎사귀 사이에서 그 색깔과 향기로 매개자를 유혹한다. 매혹적인 유혹의 수단인 꽃은 심미적인 시인들에게 비유적 이미지로, 또한 향기로 말하자면, 그 가볍고 그윽한 날림은 고착된 대지적 이미지를 벗어나 공기 속으로 자유롭게 유영하는 존재의 가벼움과 승화를 시 속에서 느끼게 한다.

저놈의 타래난초 개울 건너 피었는데 물 불어 여울을 못 건너네 한 줄기 똑 따서 그 이름 가르쳐준

목덜미에 꽂아주고 싶은데 울울한 모양새 가깝고도 멀리 있네

　나 그 길을 따라가지 못했네 목청껏 부르짖어야 했는데 허버지라도 저녀야 했는데 손가락 깨물어 따뜻한 피조차 먹여 보지 못했네

　닭의장풀은 남보라 물봉선은 붉은보라 어이 가르쳐주셨나 붉푸르게 멍든 이름들

　여름이 여름하여 독기를 품었네 울지 않고 우는 법을 배웠네 가슴속 만질 수 없는 임은 눈감아야 글썽 보이네

　　　　　ㅡ「여름이 여름하면」 전문

　이 시는 초기작으로 화자의 분출하려는 감정을 꼭꼭 누르고 있는 형국이다. 어린 씨앗 하나 떨궈 놓고 가버린, 세상에 없는 아내를 애타게 찾아 방황한다. 아마 시인이 걷고 있는 이 길도 살아생전 아내와 함께했던 추억의 장소일 가능성이 짙다. 그것도 여름이 여름답게 푹푹 찌는, 무성한 녹음이 우거지고 여름꽃이 만발한 한낮이다. 화자의 눈에 분홍색 타래난초가 개울 건너 저만큼 피어 있다. 꽃에 대해 무지했던 그에게 아내가 어

느 산책길에서 가르쳐준 꽃이다. 타래난초를 보는 순간 죽은 아내의 얼굴이 떠오른다. 타래난초는 화자의 손이 닿을 수 없는 개울 건너 저만큼 떨어져 있다. 가깝고도 멀리 피어 있는 타래난초가 청순한 아내의 모습으로 오버랩 되면서, 더 가까이 다가가지 못하자 "저놈의 타래난초"라고 비어적인 속마음이 툭 튀어나온다. 또 화자는 닭의장풀과 물봉선을 거명한다. 이들은 모두 보랏빛 여름꽃이다. 이 그윽한 보랏빛 또한 다분히 아내를 대신한다. 꽃이 만발한 여름 산책길에서 만나는 수없이 많은 아내의 얼굴들, 화자는 독기를 품고 소리 내지 않고 가슴으로 우는 법을 배웠다고 한다.

꽃들은 단순한 비유적 사물이나 시적 오브제, 혹은 장식적 의미의 꽃이다. 향기를 발하거나 이미지가 확장되지 못하는 부동의 꽃, 철저한 대지적 이미지에 고착된 꽃들이다.

이 시집에는 나비가 자주 등장한다. 꽃과 나비라고 흔히 이들을 한 쌍으로 거론하는 것이 통념이다. 나비는 아름다움을 위해 존재하는 것이 아니라, 자신의 생존을 위해 꽃을 찾아 꿀을 빨 뿐인데, 사람들은 나비를 미학적 가치로만 본다.

나비는 꽃과 새의 중간자적 존재이다. 꽃처럼 대지에 붙박여 있지 않지만, 새처럼 자유롭게 창공을 날지 못한다. 꽃이 제자리에서 공기 중에 향기를 뿌린다면, 나비는 그 황홀한 날갯짓으로 이 꽃에서 저 꽃으로 날아다니며 아름다운 색상의 띠를 허공에 그린다. 시인들은 이 미학적이고 탐미적인 존재에 심취하여 그들의 시에다 나비를 붙잡는다. 정형무 시인의 시에는 나비가 어떤 모습으로 그려졌을까?

>꽃 무더기 들여다보면 어른거리는 것이 있다
>처녀귀신이 산다
>
>붉은 꽃술에 입 맞추면
>상사로 꽃이 된 처자
>그 꽃 입술 여닫으며 더,더,더, 떤다
>
>청천에 날벼락 치고
>붉으락푸르락 꽃이 진다
>
>꽃밭에는 비수를 문 처녀귀신이 산다
>
>나는 오래된 꽃나무 구멍 속 부러진 날개로
>꽃이파리 더불어 웅크려 있다
>>―「복사꽃」 전문

화자가 꽃 무더기에 어른거리는 것을 처녀귀신이 산다고 읊조린다. "상사로 꽃이 된 처자"라는 말에 근거하여 죽은 자의 영혼을 꽃으로 비유한 것이다. 화무십일홍이라고 청천에 날벼락 치듯 꽃이 지고 말았다. 화자는 오래된 꽃나무 구멍 속에 "부러진 날개"로 날지도 못하고 웅크리고 있다.

이 시에서 화자를 '부러진 날개'의 이미지로 그리고 있는 것에 유의할 필요가 있다. 날개가 부러진 나비는 아름다운 색깔과 향기로운 궤적을 더는 공기 중에 그릴 수 없다. 이제 나비는 꽃과 새의 중간자적 존재가 아니라, 운동성을 상실하여 대지적 존재자로 전락하며, 급기야 죽음 의식을 동반하여 사물화 된다.

나비의 부러진 날개 이미지가 그의 시에 반복되어 나타난다. "날개 꺾인 나비를 보았소"(시 「해름」), "묵은 거미줄에 걸린/ 꼬리명주나비 햇나래"(시 「칠월」), "꿀을 빠는 나비/ 부러진 날개가 하늘거린다"(시 「늦가을 · 1」), "날개 부러진 나비들 가을바람에 쓸려갔지"(시 「별·나비·검·시」) 등등에서 나비는 더 이상 날지 못한다.

집은 사람이 기거하는 공간이다. 정상적인 집이라면 그 안에 사람이 살고, 생활에 필요한 세간이 갖춰져 있다. 집은 사람이 사는 온기가 있고, 밖에서 돌아온 식구들이 편안한 휴식과 사랑으로 재충전의 시간을 가질 수 있는 곳이다. 그런데 시인의 시에는 사람이 살지 않은 빈집으로 나타난다. 이런 부재나 결핍이 내면의 황폐화로 이어진다. 존재의 들어설 자리 없음이다.

> 부러긴 문살 새로 휘황한 햇살 비춰
> 묵은 먼지들 함부로 뛰노누나
>
> 송홧가루 후- 불고 툇마루에 걸터앉아
> 빈집의 삼엄을 들여다본다
>
> 난초무늬 요강은 우물가에서 졸고
> 무너진 바람벽 너머 파르르 댓잎이 떤다
>
> 까마중 산딸기 개망초의 진군
> 인동 메꽃 덩굴손은 어긋난 문살을 노리고
>
> 산뽕나무 찢어지도록 뻗어 햇살을 다투는데
> 그 새를 파고드는 뻐꾸기 소리 뻐꾹-
>
> 한봄의 생명들아 이슥토록 쳐들어오너라
> 빛바랜 거울이 보랏고 선 한평생
> 빈집이 사그라지며 모다 내어 주리라
> —「빈집」전문

시인은 사람이 살지 않는 빈집을 화자의 시선 이동에 따라 서정적으로 그리고 있다. 사람들이야 여차여차한 연유로 집을 떠났겠지만, 그 빈자리를 온갖 기물이며 먼지, 송홧가루, 대나무, 까마중, 산딸기, 개망초, 인동초, 메꽃, 산뽕나무들이 채우거나 넘보고 있다. 그뿐인가, 그 새를 파고드는 뻐꾸기 울음소리가 빈집에 울린다. 빛바랜 거울 하나가 지키고 있는 빈집을 화자는 아예 이들에게 내어 주라고 말한다. 화자의 자리는 그 어디에도 없다.

빈집은 화자의 존재 집이다. 빈집을 지키는 흐릿한 거울은 자의식의 상징이다. 그의 시에 가끔 등장하는 거울은 보이는 것만을 반사하는, 지극히 수동적인 시인의 의식이다.

이러한 빈집 의식은 "삼월에 집 나간 여자/ 꽃이랑 놀다 꽃바람 나서/ 목메도록 안 오는 여자"(시 「바람난 여자」)에서 아내의 부재로부터 비롯되었음을 짐작할 수 있다. 시 「독널」에서는 집이 죽음의 집이 되어 자신을 옥죄고 있으며, 시 「앞」에서는 사각의 수족관에 갇혀 자기 앞의 생에만 몰두하다 급기야 죽음에 이르는 게에 화자를 비유하고 있다. 그의 시에 나타난 빈집은 화자를 죽음의 자리로 내몰고 있다.

그의 시에서 자의식에 고착된 무거운 이미지가 도달

한 곳은 '죽음'이다. 아내의 부재로 인한 슬픔과 외로움이 죽음 의식을 이끌고 있다. 우울증이나 공황장애, 외상 후 스트레스 장애가 있는 사람처럼 사물을 직시하지 못하고, 무슨 생각을 해도 귀결점은 한결같다. 자신이 죽으면 이 절망, 좌절, 슬픔, 분노, 외로움에서 해방되어, 나비가 죽어야 온전한 나비로 다시 태어나듯이, 이생이 아닌 저세상에서 아내와 생을 이어나갈 것이라는 믿음이 시인의 사고를 지배한다. 시 「늦가을·1」를 보면 역시 부러진 날개의 나비에 관한 언급이다. "나비는 알을 낳고 죽지만/ 다시 나비 되어 날 것이다// 하지만 저 나비에게 이름 지어주면/ 새봄을 날아오르지 못하겠지" 이 구절은 그가 죽음에 대해서 어떤 생각을 가지고 있는지 알 수 있다. 이름이 있는 개별적인 나비(고유명사)는 죽겠지만, 나비 일반(보통명사)은 끊임없이 그 생을 이어간다는 것이다. 죽음은 어디까지나 개인이나 개체만의 현상이지, 전체의 시각에서 보면 존재하지 않는다. 다시 말해 나는 죽겠지만, 인간의 삶은 이어간다는 것이다. 유장한 생명체의 이어짐 앞에 한없이 무기력한, 어찌 보면 소모적일 수밖에 없는 개별 존재의 죽음을 그는 말하고 있다.

죽음의 의식을 극명하게 보여주는 작품이 시 「독널」이다. 독널은 옛 남도 지방에서 사람을 매장했던 항아리 널을 말한다. 주검이 차지한 마지막 집이다. 화자는 현실에서 죽음과 다름없는 삶을 살고 있다. 일상이 죽음이라는, 헛된 몸부림이라는, 결코 죽음에서 벗어날 수 없다는 사고에 젖어 나락에 떨어져 있다. "저놈의 너부러진 독/ 깨뜨리고 부서뜨려도" 도로 독널이기에 술로써 나락에서 견딜 수밖에 없노라고 절규한다. 이 시를 썼던 즈음이 시인이 무거운 납덩이같은 의식을 달고 겨우 일신을 운구하던 시점이었으리라. 또한, 시 「마이산」에서는 마이산 암마이봉 꼭대기에 올라 구름이 떠가는 하늘을 쳐다보고 발아래 경치를 굽어보며, 자신의 한 생각이 피고 지는 것을 지켜보며 "다시 살아갈 맘이 들면/ 뉘엿한 바위산을 내려갈 터인가" 아니면 한 발 앞으로 내디뎌 천 길 낭떠러지 아래로 생을 마감해 버릴 것인가를 곰곰이 생각한다.

이 시편들은 그의 시의 바닥이다. 바닥은 더 내려갈 곳이 없는 가장 무거운 감정의 중력이 그를 누르고 있다. 결국 시 「별·나비·검·시」에서 '詩卽劍'이라 하였는데, 아내 없는 세상에 복수의 칼날을 번뜩이는 주인공의 '殺人劍'이 결국 자신에게 칼날을 들이대고 있다.

3.
뜬금없이 낚시 이야기를 해 보자. 물론 이 시집을 이해하는 한 방편이다. 나는 낚시를 좋아하는데, 우리 고유의 전통 찌낚시를 선호한다. 잔잔한 강이나 호수에 낚싯대를 드리우고 세월을 낚다 보면 삶의 여유가 생긴다. 전통 찌낚시에서 가장 중요한 것이 찌와 추다. 추는 무게로 채비를 바닥에 드리우고, 찌는 부력으로 물밑 사정을 알려준다. 이 추와 찌의 상관관계를 시적 이미지와 관련하여 나타내 볼 수 있다.

첫째, 추 〉 찌의 경우, 추의 중력이 찌의 부력보다 승하면 미끼를 단 채비가 바닥에 내려앉아 물고기가 입질하여도 찌의 움직임이 둔감하거나 아예 미동도 하지 않는다. 이를 시에 비유하면, 수면을 경계로 추를 무의식, 찌를 의식이라고 할 때, 시의 이미지가 너무 무거우면 바닥에 고착되어 운동에너지가 감소하면서 시적 상상력이라든가 역동적 이미지들이 발동하지 않는다. 이 시집의 초기작이 대부분 이 영역에 속한다.

둘째, 추 = 찌의 경우, 낚시에서는 이를 찌맞춤이라고 한다. 추가 바닥에 달락 말락 하고 찌는 한 치 정도 수면에 뜬다. 중력=부력이기에 물속에서 물고기가 조금만 입질을 하여도 중력의 변화가 부력의 상승효과로 이어져 낚시가 가능하다. 시의 경우, 바닥을 쳤던 추락의 이미지가 다소 가벼워지면서 상승의 기류로 바뀌면서 어느 정도 객관성을 획득한다. 이 시집에서도 화자가 슬픔과 외로움, 죽음 의식에서 점차 벗어나 인간의 보편적 삶이나 이웃이나 사회 등을 자각하는 단계에 이른다. 이 시집의 후기작 시편이 여기에 속한다.

마지막으로, 추〈 찌의 경우, 이것을 낚시에서는 너무 가볍게 찌를 맞췄다고 한다. 조금만 유속이 있어도 물속에 떠 있는 채비가 흐르기 때문에 전통 낚시에서는 정상적인 낚시가 불가능하다. 그러나 일본에서 들어온 중층의 떡붕어 낚시에는 아주 가볍게 찌를 맞추는 이 방법을 택한다. 이 상태를 시에 비유한다면, 모든 지각에 있어 예민한 시 의식을 상상할 수 있다. 마치 연기가 풀어져 하늘을 오르고, 새가 한없이 창공을 높이 날고, 하얀 구름이 형태를 바꾸며 마음껏 자유를 구가한다. 시에 역동적 이미지가 나타나며 시인과 독자가 더불어 무한한 영혼의 가벼움과 행복감을 느낀다. 바라건대 정형무 시인의 시가 지향해야 할 시 세계라고 생각한다.

　이 시의 세 영역은, 추(납덩어리)가 바닥을 차고 오르는 것처럼, 찌의 오르고 내림처럼 수직선상에 위치한다. 시가 무거운 이미지에 고착되면 운동 에너지가 감소하여 바닥에 내려앉으며, 중력이 감소하면 부력에 의해 상상력이 왕성해지고 역동적인 이미지가 나타나면서 수직으로 상승한다. 사실 납덩이라는 말은 상상력의 시학의 대가 바슐라르가 그의 역저 『공기와 꿈』에서 무거운 이미지를 '연추鉛錘'라는 말로 표현한 바가 있다. 시인들의 시는 모두 수직선상의 어느 한 점에 위치한다. 시가 어느 지점에 위치하는가에 따라 시의 가치와 미적 성취 등이 달라진다. 지금 정형무 시인의 시도 그 어느 지점에 있다.

　더 추락할 곳이 없는 밑바닥에서, 그의 살인검殺人劍이 활인검活人劍으로 전환하게 된 것은 아이러니하게도 죽음의 의식이었다. 시 「물음」을 보면, 아내가 살아생전 병실에서 환자복을 갈아입으며, 두려움에 떨면서 시인에게 물었다. "여보, 나 죽어" 이에 시인의 망설임 없는 대답 "응, 죽어./ 당신 죽고 나도 죽고/ 사람들은 다 죽어."라고 말하여 부부가 마주 보며 웃었다는 짧은 시이다. 아내가(위안을 받고 싶어, 아니기를 바라며)묻는 구체적이고 개별적인 질문에 일반화로 뭉뚱그려 순식간에 무거움을 가볍게 만들어버린 에피소드, 실은 우연히 별 의미 없이 내뱉은 말 속에 답이 있었다.
　죽음의 일반화다. 자기만 죽는 것이 아니라, 아내가 먼저 간 것처럼 살아 있는 것들은 모두 죽는다. 보통명사는 죽지 않고 영원히 삶을 누리겠지만, 고유명사 존재들은 죽기 마련이라는 것이다. 그리하여 시인은 살아 있는 것들을 동류의식으로 노래함으로써 바닥을 차고 오르는 계기가 된다.
　이 전환의 시편으로, "태초에 빛 있었지만/ 어둠에게 먹히고 말"(시 「야간비행」)거라며 죽음 일반을 숙고한다. 그러면서 "시속 십만 칠천 킬로미터로 움직이는 지구/ 구물거리는 생명들 위로 쏟아지는 별똥별처럼// 가

없는 엔트로피만 더해가는/ 헛된 몸짓일 뿐이려니"(시 「장끼를 쏘다」)라고 공학도답게 이승에서의 삶에 대해 객관적 안목을 득한다. 마침내 그는 "살려고 몸부림치는 것들아/ 억겁 이래 우리는 한 몸"(시 「용담사에서」)이라고 단언하는데, 이는 사람뿐만 아니라, 배롱꽃, 물잠자리, 배추흰나비. 소금쟁이와 같이 생명체 전부를 말하고 있다. 또 시 「하루」에서는 풀밭에 매어 놓은 염소가 새 여름이면 잡아먹히리라 생각하며, "나도 그렇단다, 염소야"라고 염소와 자신과의 동류의식, 생명에 대한 외경까지는 몰라도 연민의식을 발하고 있다.

이런 자각과 평정심은 대단히 소중한 것이다. 이것이 인문학적 교양이나 신앙심에 의해 주어진 것이 아니라 자신이 바닥까지 내려가면서 몸으로 체득한 것이기에 더욱더 값진 것이리라. 이제 시인은 완전하지는 못하지만, 삶에 대한 자각과 이웃에 관한 관심, 객관적인 시각으로 사물을 보려 애쓰며 서서히 부상하기 시작한다.

시 「휴일」에서는 휴일을 맞이하여 한가하게 살아가는 이웃을 바라보며, 자신도 단발머리 어린 딸과 굴렁쇠를 굴리며 반나절 놀다가, 조금 안면이 있는 사람의 부음을 듣고, 자신의 센 머리털을 가늠해 보며, 일없이 저무는 하루가 행복했노라고 일상의 회복을 노래한다. 시 「노안老安」은 이웃에 대한 관찰이 존재 일반으로 심화된다. 즉, 사람들이 편안하게 사는 듯하지만, 인간은 누구나 죽을 수밖에 없는 존재이기에 본질적으로 불안하다는 것이다. '노안老安'이라는 구체적인 지명과 오리들의 뒤뚱거리는 걸음걸이를 바라보는 노인의 흔들리는 시각을 예리하게 붙잡으며 불안 의식을 암시하고 있는 등, 그의 시를 한 단계 끌어올리는 시적 여유가 보인다. 자신의 존재에 대해서도 "그날이 오면 까마귀 떼 날아와 까옥거릴 텐데, 부서진 나를 물고 흑점을 향해 날아갈 터인데/ 이 몸은 어쩌다 거짓 같은 이생에 왔을까, 몸 없는 마음은 누구 가슴에 머물다 흩어질까"(시 「까마귀」)라고 숙고하며, 살아생전 아내에게 물어보지 못한 아내의 존재 이유를 묻는다. "깨끗한 것과 더러운 게 만나면/ 깨끗한 것, 더럽혀질 텐데,/ 그러면 더러운 것은 깨끗한 것을 만나/ 다시 깨끗해질 수 없는가"(시 「나는 너에게 물어본다」)라고. 죽은 아내가 나에게 무엇인가? 아내는 생전이나 지금도 나에게 깨끗한 것이고, 근묵자흑近墨者黑이라고 아내는 자신의 삶을 선함으로 이끄는 인도자라는 것을 확신한다.

이런 후기작의 괄목할 만한 변화는 시적 분위기가 차분해지며 시적 대상이 내면화된다. 이미지가 더욱 선명해지고, 서서히 지향성을 띠면서 운동에너지로 작동하며, 상상력이 밀도 있게 등장한다. 이와 같은 변화를 보이는 것이 시 「종」이다. 시인은 "종의 겉을 때리면/ 먼저 속이 운다"라고 운을 떼고 있다. 이 타종의(종이 우는)

의미는 "본디로 돌아가고 싶은 몸부림"이며, 종소리를 "부딪고 부딪쳐도 갈 곳 없는/ 소리의 정精이 아프다"라고 말한다. 시의 마지막 행에서 "명동鳴洞에 수북한 저 살비듬을 보라"라고 읊조리고 있는데, 명동鳴洞은 범종 아래 소리의 공명을 위하여 우묵하게 파놓은 확을 말하며, 또한 울음 골짜기로 인간사 애환이 넘치는 곳이니, 중의법적인 처리로 보아야 한다. 자기 삶의 슬픔을 관조하며, 다른 이의 슬픔까지 껴안은 마음이 잔잔한 물결처럼 퍼져나간다.

>오동꽃 핀 산에
>뻐꾸기 우네
>
>오동꽃은 보여도
>뻐꾸기는 보이지 않는데
>
>오동꽃 흐려져도
>뻐꾸기는 우네
>
>오동꽃 우러르면
>청산도 새소리도 지워지는데
>
>질끈 눈 감아야 끼치는 향기

환하고 서늘한 오동꽃

—「오동꽃」전문

  연보랏빛 오동꽃은 "질끈 눈 감아야 끼치는 향기"에 시 암시하듯 죽은 아내를 비유하고 있다. 보랏빛 계열의 색채들이 죽음에 가까운 색상이라는 것도 이를 뒷받침하고 있다. 그렇다면 오동꽃이 보여도, 보이지 않아도 울고 있는 단조로운 뻐꾸기는, 울고 있다는 속성에 의해 시인 자신임을 알 수 있다. 죽은 아내의 현현인 오동꽃을 바라보며 자신의 슬픔을 뻐꾸기 울음으로 대체하며, 시각과 청각, 후각 이미지의 조화로운 섞임을 정제된 언어로 표현한 것은 초기작에서는 감히 상상할 수도 없었다. 시「벵갈루루에서」를 보라. 아내 없는 여행지에서 '운다'라는 말을 무려 8번이나 직설적으로 토하던 시절의 시를. 시적 대상을 바라보는 관조적인 눈빛, 정제된 언어, 그리고 죽은 아내를 공기 중에 떠다니는 향기라는 후각적 이미지로 붙잡는 솜씨가 무거운 의식에서 벗어나고 있음을 방증하고 있다.

타다르르르……

한소끔 술렁이고 나서
다시 피 마르는 정적

온 숲을 전율시키다
흔적 없이 한가로운 소리
극강의 내공을 못 이겨
대차게 쪼아대지만

바람소리 물소리에 섭슬려
어느덧 무심한 소리

― 「목탁새」 전문

  목탁새는 여담으로 불가의 스님들이 제일 좋아하는 새라고 하는데, 까막딱따구리의 별명이다. 이 시 역시 화자의 감정 노출을 최소화하면서 목탁새가 쪼아대는 소리와 숲의 정경을 그리고 있다. 목탁새는 다분히 시인 자신을 비유하고 있는데, 자신의 내부에 쌓인 것, 슬픔, 좌절, 절망, 외로움, 죽음 의식 등을 쪼아댄다. 시인이 시를 쓰는 행위이다. 그러나 시인의 목소리는 세상이란 숲에 묻혀 한차례 무심한 소리에 불과할 뿐이다. 목탁새는 지금 존재의 집을 짓고 있다. 초기의 빈집의 이미지를 허물고 다시 마른 오동나무 등걸에 집을 짓고 있다. 그 집은 네모로 각진 집이 아니라, 새 생명의 잉태를 꿈꾸는, 안온한 우주처럼, 지구처럼, 알처럼 둥그스름한 집이다. 그곳에다 가슴에 묻은 아내와 사랑하는 딸, 자신이 좋아하는 것들을 품고자 혼신의 힘을 다해 딱딱하고, 거세고, 절망적이고, 슬프고, 외로운 것들을 쪼아댄다. 그의 행위는 '목탁'이라는 경건함까지 함의되어 엄숙하기 그지없다. 목탁새는 여태껏 오동꽃이 피어 있는 마른 나뭇등걸에 붙잡혀 있다. 아직은 날지 못하는 대지적 이미지에 불과하지만, 집짓기를 마치면 그가 어린 시절에 보았던 소리개처럼 충일한 생명력으로 숲정이 위를 활공할 것이다. 그리하여 두 날개를 활짝 펴고, 상승기류를 타고, 자유를 만끽하며, 자유스러운 영혼으로 날 것이다.

우리詩시선 071

**닭의장풀은 남보라
물봉선은 붉은보라**

1판 1쇄 펴낸날 2021년 11월 25일
1판 1쇄 발행날 2021년 11월 30일
지은이 정형무
발행인 임채우
디자인 방수영
펴낸곳 도서출판 우리詩움
등록번호 제 2021-000015호
등록일자 2021년 5월 20일
주소 01003 서울시 강북구 삼양로159길 64-9
전화 02) 997-4293
이메일 urisi4u@hanmail.net
ISBN 979-11-976052-1-5(03810)
값 10,000원

*잘못된 책은 바꾸어 드립니다.
*지은이와 협의하여 인지를 생략합니다.
*이 책의 판권은 지은이와 우리 도서출판 우리詩움에 있습니다.
*이 도서의 국립중앙도서관 서지정보유통지원 시스템 홈페이지(http://seoji.nl.go.kr)와 국가자료공동목록시스템(http://www.nl.go.kr/kolisnet)에서 이용하실 수 있습니다.